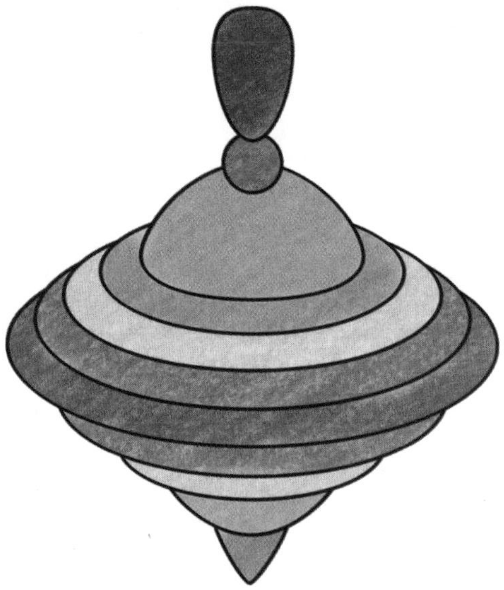

TOP

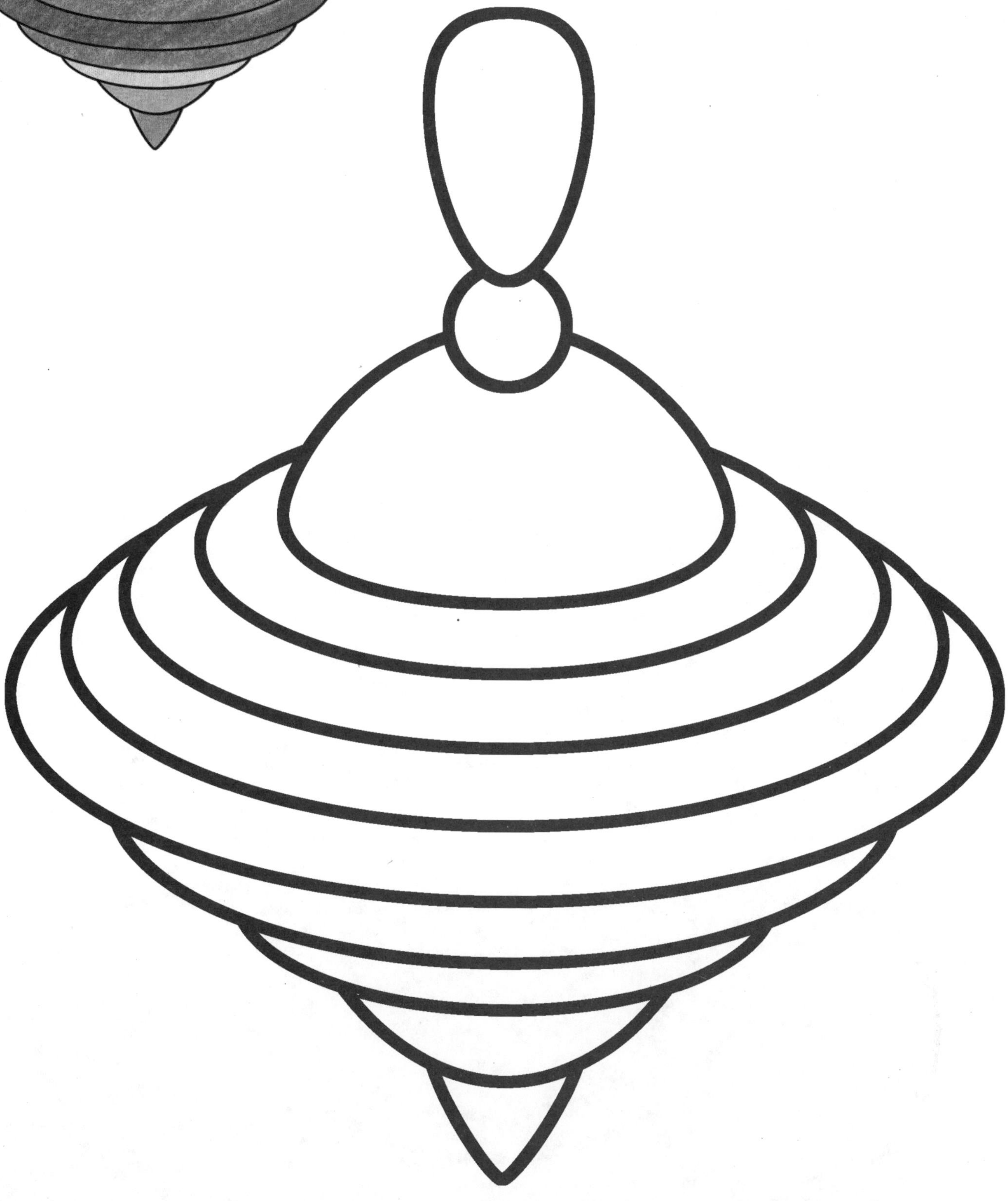

TEDDY BEAR

YO-YO

APPLE

MANGO

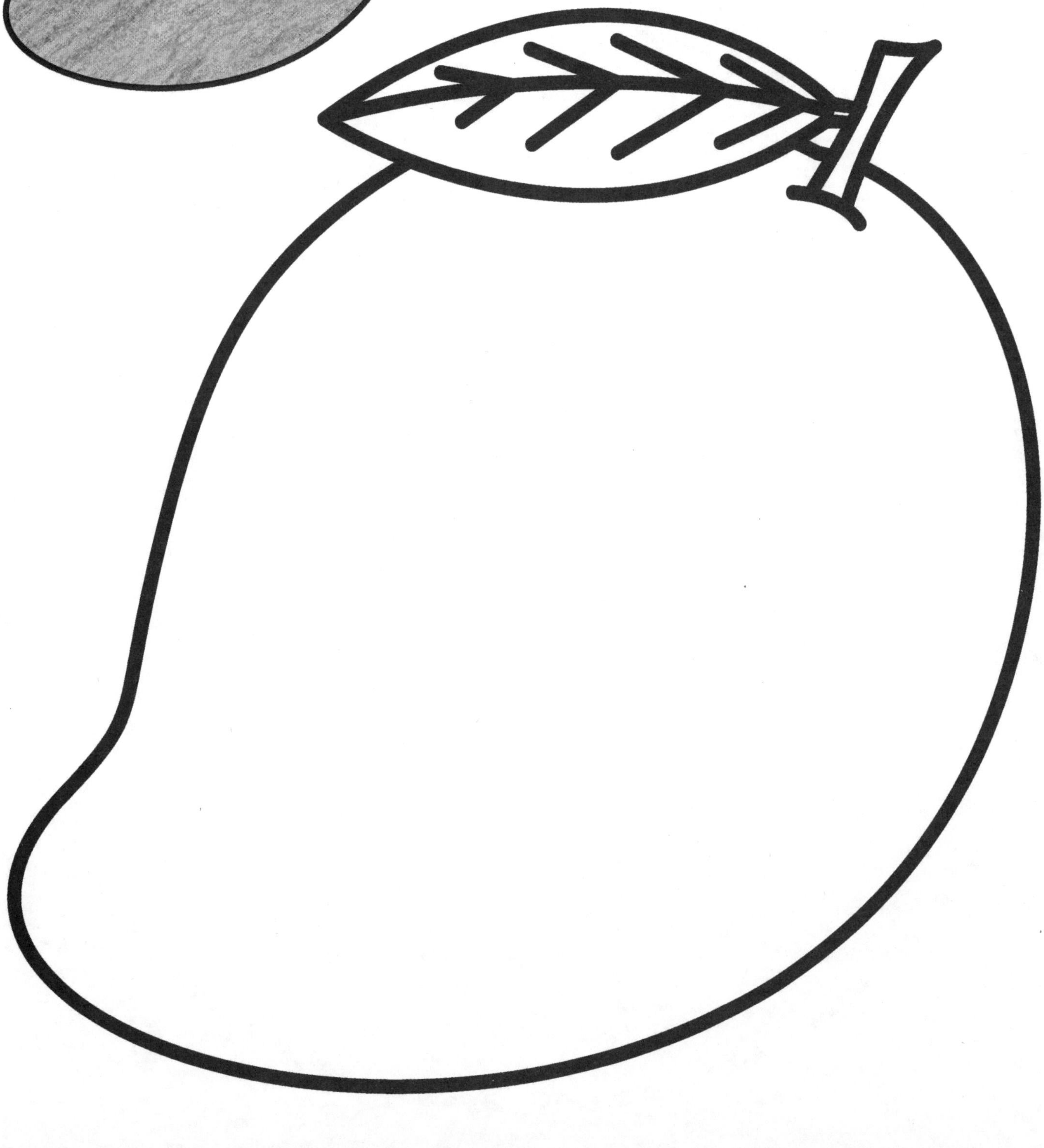

CIRCLE

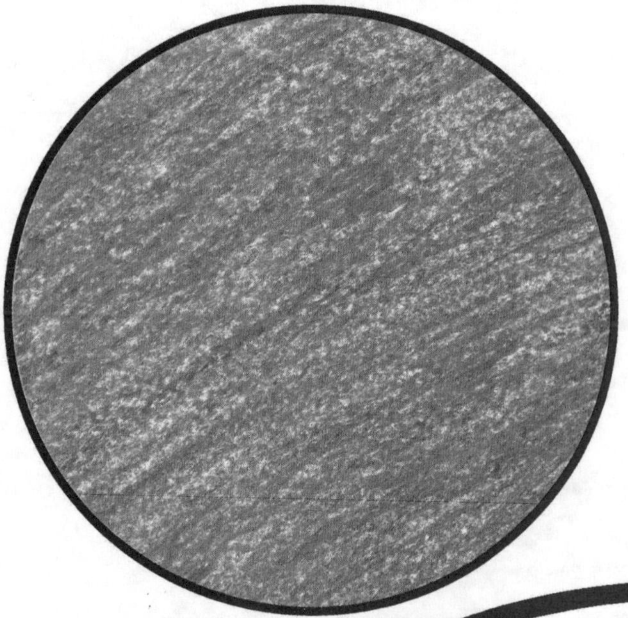

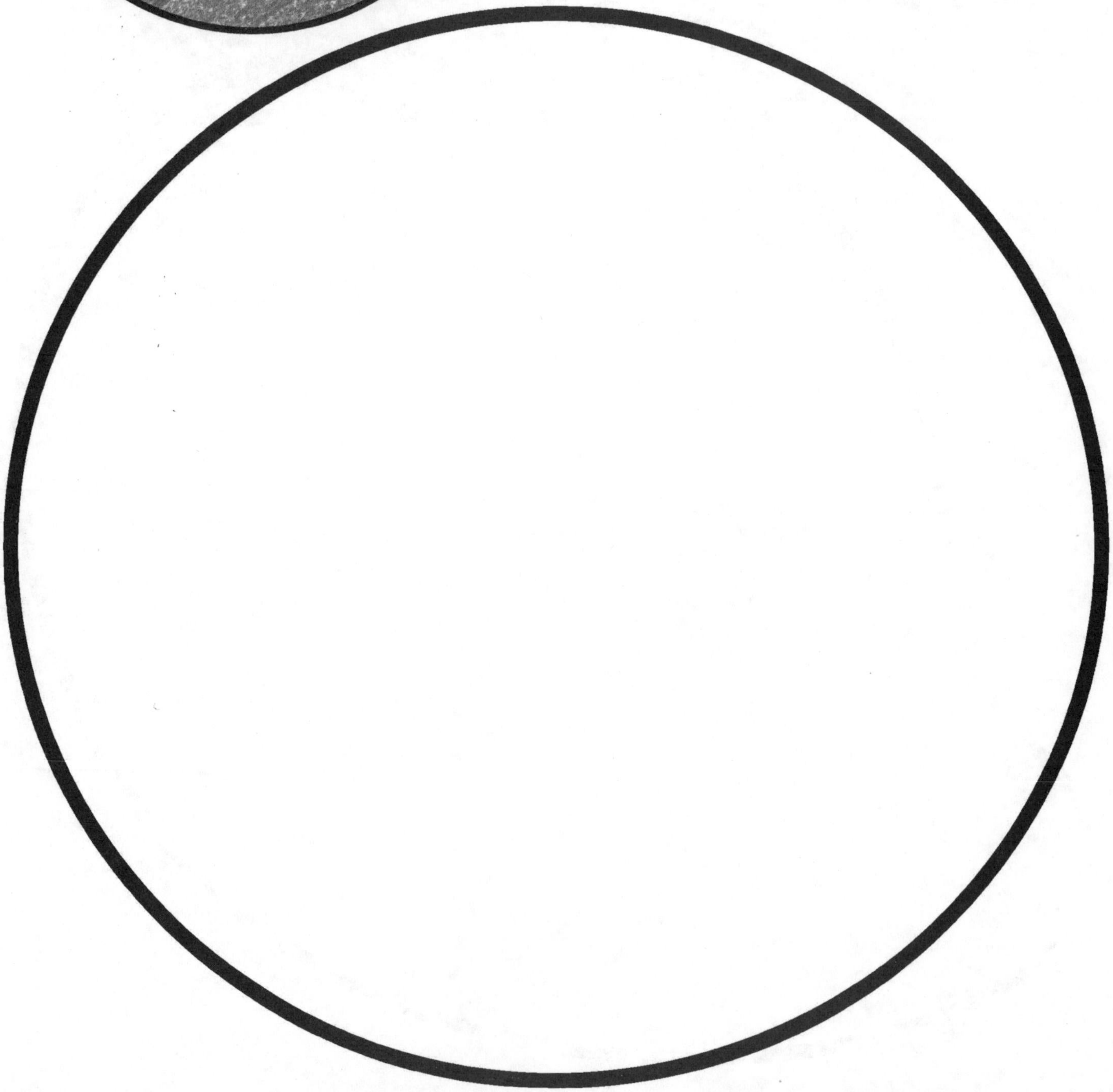

SQUARE

HEART

STAR

ROCKET

SHIP

PUMPKIN

CORN

LION

ELEPHANT

GIRAFFE